Gesundheitsökonomie. Fachkräftemangel und Einkommenselastizität

GRIN ☺

Bibliografische Information der Deutschen Nationalbibliothek:

Die Deutsche Nationalbibliothek verzeichnet diese Publikation in der Deutschen Nationalbibliografie; detaillierte bibliografische Daten sind im Internet über http://dnb.d-nb.de abrufbar.

ISBN: 9783346941428
Dieses Buch ist auch als E-Book erhältlich.

Druck und Bindung: Books on Demand GmbH, Norderstedt Germany
Gedruckt auf säurefreiem Papier aus verantwortungsvollen Quellen

Das vorliegende Werk wurde sorgfältig erarbeitet. Dennoch übernehmen Autoren und Verlag für die Richtigkeit von Angaben, Hinweisen, Links und Ratschlägen sowie eventuelle Druckfehler keine Haftung.

Das Buch bei GRIN: https://www.grin.com/document/1391935

Gesundheitsökonomie

Fallaufgabe

Inhalt

Abkürzungsverzeichnis

COVID-19	coronavirus disease 2019; Coronavirus Erkrankung 2019;
DMP	Disease-Management-Programme
DRG	Diagnosis Related Groups; diagnosebasierte Fallgruppe;
EU	Europäische Union
FDK	Fixe Durchschnittskosten
FK	Fixkosten
G-BA	Gemeinsamer Bundesausschuss
GKV	Gesetzliche Krankenversicherung
GRK	Grenzkosten
GVD	Grenzverweildauer
ICD-10	International Statistical Classification of Diseases and Related Health Problems; Internationale statistische Klassifikation der Krankheiten und verwandter Gesundheitsprobleme;
iHv	in Höhe von
InEK	Institut für das Entgeltsystem im Krankenhaus
IRA	Inflation Reduction Act of 2022
iSv	im Sinne von
IV	Integrierte Versorgung
OECD	Organisation for Economic Co-operation and Development; Organisation für wirtschaftliche Zusammenarbeit und Entwicklung;
PEPP	Pauschalierendes Entgeltsystem Psychiatrie und Psychosomatik
PPP-RL	Personalausstattung Psychiatrie und Psychosomatik-Richtlinie
Psych-PV	Psychiatrie-Personalverordnung
PsychVVG	Gesetz zur Weiterentwicklung der Versorgung und Vergütung für psychiatrische und psychosomatische Leistungen
Qg	Gewinnschwelle
Qmax	Gewinnmaximum
TDK	Totale Durchschnittskosten
TGK	Totale Gesamtkosten
US-Dollar	United States dollar; offizielle Währungseinheit der Vereinigten Staaten von Amerika;
USA	United States of America; Vereinigte Staaten von Amerika;
VDK	Variable Durchschnittskosten
VK	Variable Kosten
vs	versus

Falllösung

Ad 1.1: Einkommenselastizität der Nachfrage im Allgemeinen

Ausgehend von der Grunddefinition der Elastizität, welche diese als *„die Stärke der Reaktion einer Größe auf die Veränderung einer anderen"* (Forner, 2022, S. 11) beschreibt, erfragt man bei der **Einkommenselastizität der Nachfrage** den Zusammenhang zwischen einer Einkommensveränderung zur Nachfragemenge, es geht also darum, mit welcher Stärke eine Veränderung des Einkommens die nachgefragte Menge eines Gutes beeinflusst (vgl. Forner, 2022, S. 169).

Rechnerisch wird die Einkommenselastizität der Nachfrage berechnet aus dem Prozentsatz der Veränderung der Nachfragemenge dividiert durch den Prozentsatz der Veränderung des Einkommens (vgl. Schimitzek, 2018, S. 63 f.)

In der Regel reagiert die Nachfrage bei lebensnotwendigen Gütern weniger elastisch als bei Luxusgütern (vgl. Forner, 2022, S. 170); werden also Güter bei steigendem Einkommen weniger nachgefragt und durch stärker nachgefragte (**superiore Güter**), ersetzt, nennt man diese weniger nachgefragten Güter **inferiore Güter** (vgl. Schimitzek, 2018, S. 20). Bei **normalen Gütern**, führt ein höheres Einkommen zu höherer Nachfrage und vice versa, was bedeutet, dass die Einkommenselastizität der Nachfrage eine positive Zahl darstellt, da sich Nachfrage und Einkommen in dieselbe Richtung bewegen; wohingegen inferiore Güter, da sich Nachfrage und Einkommen verändern, eine negative Einkommenselastizität der Nachfrage aufweisen (vgl. Schimitzek, 2018, S. 63).

Die Einkommenselastizität kann in **vier Ausprägungen** unterschieden werden:

- kleiner als 0 (die nachgefragte Menge nach einem Produkt nimmt bei steigendem Einkommen ab = inferiore Güter; etwa Bevorzugung qualitativ hochwertigerer und teurerer Bioprodukte anstatt Billigprodukte),
- gleich 0 (eine Veränderung des Einkommens hat keinen Einfluss auf die nachgefragte Menge, etwa beim Absatz von rezeptpflichtigen Medikamenten),
- zwischen 0 und 1 (die Nachfrage nach einem Produkt steigt mit zunehmendem Einkommen = superiore Güter, wobei die relative Zunahme der nachgefragten Menge kleiner ist als die Einkommenssteigerung, meist bei Bedarfsgütern) und
- größer als 1 (ebenfalls superiore Güter, wobei die nachgefragte Menge prozentual stärker ansteigt als die prozentuale Einkommenssteigerung, meist bei Luxusgütern).

Ist also die berechnete Einkommenselastizität der Nachfrage größer als 1, spricht man von superioren Gütern (Beispielsweise monatliche Wellnessaufenthalte samt Gesundheitschecks übers Wochenende: der Konsument kann sich dank höheren

Einkommens nicht nur mehr leisten, sondern auch höherwertige Leistungen konsumieren, jedenfalls bis zum Sättigungspunkt – so sind tägliche Wellnessaufenthalte sind weder zweckmäßig noch gewünscht, oder Personen mit einem Bedürfnis nach regelmäßiger Faltenunterspritzung mit Botox) bzw. einer elastischen Nachfrage; ist die Nachfrage hingegen größer als 0 aber kleiner als 1 spricht man von relativ inferioren Gütern (Beispielsweise werden Markenmedikamente gegenüber Generika bevorzugt bezogen – Generika werden zu inferioren Gütern) bzw. einer unelastischen Nachfrage, ist sie kleiner als 0, liegt ein absolut inferiores Gut (Beispielsweise das Medikament Insulin für Diabetiker oder Dialyse für Personen mit Nierenerkrankungen) vor (vgl. Schimitzek, 2018, S. 61 f.).

Im Gesundheitsbereich selbst kann im Allgemeinen von einer einkommensunabhängigen Nachfrage ausgegangen werden, da von einer konstanten, unelastischen Nachfrage nach einem so existenziellen Gut wie der Gesundheit auszugehen ist; dies äußert sich in einer senkrechten Nachfragekurve, woraus erkennbar ist, dass bei jeder Einkommenshöhe die gleiche Nachfragemenge herrscht (vgl. Schimitzek, 2018, S. 62; Forner, 2022, S. 167, 170).

Ad 1.2: Einkommenselastizität der Nachfrage bei Personen mit einem Bedürfnis nach regelmäßiger Faltenunterspritzung vs. Dialysebedarf

Basierend auf der, für die Gesundheitsökonomie im Vordergrund stehenden, optimalen Verwendung des nur begrenzt vorhandenen Gesundheitsbudgets, ist insbesondere auf die Qualität von Gesundheitsversorgung und die effiziente Mittelverwendung von Gesundheitsgütern zu achten.

Ausgehend von den Ausführungen in 1.1 ist weiterzuführen, dass sich die Einkommenselastizität der Nachfrage hinsichtlich regelmäßiger Faltenunterspritzungen mit **Botox** (Botulinumtoxin) dahingehend äußert, dass Personen mit höherem Einkommen auch superiore Bedürfnisse entwickeln, somit stärker nachgefragt werden, es liegt eine elastische Nachfrage vor. Regelmäßige Faltenunterspritzungen sind nicht als ein lebensnotwendiges, gesundheitsförderndes Gut einzuordnen, sondern dient lediglich dem persönlichen (Schönheits-)Bedürfnis nach Faltenreduzierung.

Die Einkommenselastizität der Nachfrage hinsichtlich Personen mit Nierenerkrankungen (Dialyse, Blutwäsche, Blutreinigung) hingegen liegt eine unelastische Nachfrage vor, also es gibt keine Alternativen zur regelmäßigen **Dialyse**, welche ein lebensnotwendiges Gut ist, den Gesundheitszustand zumindest zu erhalten (vgl. Schimitzek, 2018, S. 62); dieser Fall einer einkommensunabhängigen Nachfrage, welche sich in einer senkrechten Nachfragefunktion äußert, lässt sich in einer Einkommenselastizität der Nachfrage von 0 ausdrücken (vgl. Forner, 2022, S. 170).

Während bei privaten Krankenversicherungen das Äquivalenzprinzip herrscht, bildet in der gesetzlichen Krankenversicherung das **Solidaritätsprinzip** die Grundlage der Vorsorge (vgl. Ackermann; Schneider, 2017a, S. 70; Wanek; Schreiner-Kürten, 2021, S. 139); jeder in der GKV Versicherte leistet Beiträge gemäß der eigenen finanziellen einkommensbasierten - meist des Arbeitsentgeltes – Leistungsfähigkeit; bei der Beitragskalkulation besteht kein Risikobezug, es besteht Einkommensabhängigkeit (vgl. Buchner; Wasern, 2022, S 349). Ausdruck des Solidaritätsprinzips ist es, dass allen Versicherten derselbe Leistungskatalog, unabhängig von der persönlichen Beitragshöhe oder dem persönlichen Krankheitsrisiko zusteht (vgl. Ackermann; Schneider, 2017b, S. 15 f., 74, 90).

Welchen Einfluss das **Solidaritätsprinzip der GKV** nun auf die Einkommenselastizität der Nachfrage hat, lässt sich erkennen, dass Personen mit höherem Einkommen zwar eine prozentual gesehen gleichen (Jahr 2022: Allgemeiner Beitragssatz 14,6%) jedoch einen in Summe höheren Beitrag (Beispiel: Monatseinkommen EUR 5.000 - 14,6% = EUR 730 vs. Monatseinkommen EUR 1.500 - 14,6% = EUR 219) an die GKV zahlen, als Personen mit niedrigem Einkommen (vgl. Buchner; Wasern, 2022, S. 351). Dabei ist es (jedenfalls in Deutschland und auch Österreich) gleichgültig, ob es soziodemographische oder morbiditätsbezogene Risikobezüge gibt, da der Solidarbeitrag lediglich vom Einkommen abhängig ist (vgl. Buchner; Wasern, 2022, S. 349).

Ad 2: DRG-System für die psychiatrische Versorgung

Ziel des im Jahr 2004 zu Kostenreduktion im Gesundheitswesen eingeführten **DRG Vergütungssystems** ist die Schaffung diagnosebasierter ökonomisch homogener Gruppen, welche je Behandlungsfall ungefähr identische Kosten verursachen (vgl. Ackermann; Schneider, 2017a, S. 74).

Die Einführung der DRGs als Teile des pauschalierenden Entgeltsystems in der stationären Versorgung, fassen unterschiedliche Diagnosen in Gruppen zusammen, wobei diese nach ähnlich hohen Behandlungsaufwendungen gebildet werden (vgl. Störmann, 2022, S. 173 f.).

Eine Finanzierung der Betriebskosten der medizinischen Leistungserstellung erfolgt auf Basis diagnosebezogener Fallpauschalen, den DRG's; Psychiatrische Versorgungsleistungen sind, wie viele andere auch, in einem gültigen Fallpauschalenkatalog genannt, worin eine obere und untere Grenzverweildauer (GVD) festgelegt ist; eine Fallpauschale wird PEPP genannt (vgl. Tiemann; Büchner, 2022, S. 372 ff.). Sinn dahinter ist: eine **psychiatrische Versorgungsleistung** soll beispielsweise in Bremen und Berlin gleich kalkuliert werden, welches jedoch aufgrund unterschiedlicher Landesbasisfallwerte nicht gleich vergütet wird, dieselbe Vergütungen erhält jedes Krankenhaus nur innerhalb des eigenen Bundeslandes.

Mit dem PsychVVG wurden die Rahmenbedingungen für die Anwendung eines pauschalierenden Entgeltsystems von Leistungen psychiatrischer und psychosomatischer Einrichtungen weiterentwickelt: Ziel der Einführung des PEPP-Entgeltsystems war es, die Bereiche der Psychiatrie und Psychosomatik transparenter und leistungsfähiger zu gestalten und somit die Effizienz ambulanten und stationären Leistungen zu fördern; wobei das PEPP als kostenorientiertes Budgetsystem (die Kalkulationsdaten werden vom InEK jährlich zu PEPP-Entgelten entwickelt, welche mittels Gruppenalgorithmus auf den jeweiligen individuellen Patienten zur Abrechnung kommen) zur Krankenhausleistungsfinanzierung ausgestaltet ist (vgl. Tiemann; Büchner, 2022, S. 374); wurden die Gewinne oder Verluste durch PEPP bis Ende 2019 gegenüber tagesgleichen Pflegesätzen noch vollständig ausgeglichen, erfuhren die PEPP Krankenhäuser seit der Umstellung des Jahres 2020 (wo die seit 1991 bestehende Psych-PV durch die PPP-RL abgelöst wurde) ökonomische Auswirkungen durch die Berücksichtigung von Personalmindestvorgaben des G-BA (vgl. Tiemann; Büchner, 2022, S. 374).

DRGs sollen ja anhand eines ähnlichen medizinischen und wirtschaftlichen Aufwandes in Gruppen vergleichbar sein, weshalb je Fall Zusatzkriterien (etwa Nebendiagnosen, Alter, Geschlecht, ...) berücksichtigt werden sollen (vgl. Störmann, 2022, S. 173 f.). Auf den ersten Blick eignet sich das DRG-System nicht für die psychiatrische Versorgung, denn wie kann sich der Behandlungsaufwand des Patienten in dessen konkreten Erkrankungskonstellationen wiedergeben (vgl. Ackermann; Schneider, 2017b, S. 41)?

Dieser scheinbare Widerspruch löst sich zumindest teilweise auf, unter der Berücksichtigung, dass die DRG unter anderem das **Klassifikationssystem ICD-10** verwenden; medizinische Versorgungssysteme übernehmen Klassifikationssysteme als Mindestkriterien für den Behandlungsbedarf (vgl. Störmann, 2022, S. 154 f.).

Ad 3.1: Fachkräftemangel – mehr Geld für die stationäre Pflege?

Um festzustellen, ob ein **Fachkräftemangel in der Pflege** vorliegt, ist zunächst der Bedarf an den nachgefragten Pflegeleistungen zu erheben und an dem Angebot zu messen (vgl. Hanke-Ebersoll, 2022, S. 214 f.). Im Jahr 2019 wurden von insgesamt ca. 4,1 Mio. Pflegebedürftigen lediglich 0,82 Mio. in stationären Pflegeeinrichtungen versorgt; die Differenz teilt sich zum überwiegenden Teil auf Laienversorgung durch pflegende Angehörige und ambulante Pflegeangebote auf (vgl. Hanke-Ebersoll, 2022, S. 219 f.). Der medial vielfach diskutierte Fachkräftemangel – welcher die demografische Entwicklung der deutschen Wohnbevölkerung als treibenden Faktor ansieht – bezieht sich in der Regel auf professionelle Pflegefachkräfte, und bezieht Laienpflege nicht ein; eine Nichterfüllung der Pflegefachkräftequote lässt allerdings per se nicht zwingend auf einen Mangel schließen (vgl. Hanke-Ebersoll, 2022, S. 220 ff.). Erfolgen stationäre Pflegeleistungen so werden diese mithilfe von Pflegesätzen, welche nach den Pflegebedürftigkeitsgrad gestaffelt sind, abgerechnet; während ambulante Pflegeleistungen auf der Grundlage einer Gebührenordnung, bzw. getroffener Vereinbarungen zwischen Versicherungsträger und Pflegeeinrichtung abgegolten werden (vgl. Ackermann; Schneider, 2017b, S. 51).

Höhere Löhne für Pflegekräfte sind grundsätzlich positiv zu bewerten, jedoch verlangen Pflegeheimbetreiber von den Bewohnern aufgrund höherer Löhne und Ausgaben entsprechende Aufschläge, welche die Pflegekassen kaum abfedern können (vgl. Dribbusch, 2022a). Die Preissteigerungen für Pflegeleistungen liegt seit der Einführung der tarifvertraglichen Entlohnungsschemata für Pflegeeinrichtungen und Pflegedienste ab 01.09.2022 bei 30 bis 40 Prozent, welche großteils von den Bewohnern selbst zu tragen sind, da diese ihr Vermögen bis auf gewisse Freibeträge aufbrauchen müssen, was dazu führt, dass bis zu 40 Prozent der Heimbewohner Hilfe vom Sozialamt in Anspruch nehmen müssen; das Hauptproblem ist, dass die Pflegeversicherung diese Kostensteigerungen nicht ausreichend berücksichtigt, somit haben diese Kosten die Bewohner und ihre Familien zu leisten; eine Gegenfinanzierung ist unzureichend ausgestaltet und eine steuerfinanzierte Pflegeversorgung steht künftig im Raum (vgl. Dribbusch, 2022b).

Es ist erkennbar, dass heute nicht nur Spannungen, sondern eine merkbare Unterversorgung im stationären Pflegebereich vorliegt. Pflegeplätze bleiben unbelegt, weil fachlich qualifiziertes Personal fehlt. Pflege wird damit bewusst in den privaten Bereich gezwungen, die staatliche Verantwortung wird auf Angehörige, vor allem Frauen, abgewälzt. Die Pflege daheim ist trotz Pflegegeldes für viele kein leistbares Konzept, und oftmals entsteht den Angehörigen durch ungeeignetes, weil schlecht ausgebildetes und damit für den Unternehmer billigeres Personal eine zusätzliche Last.

Die Zukunftsprognosen in Zusammenschau mit der prognostizierten Bevölkerungsentwicklung sind düster: entweder es werden mehr Pflegefachkräfte ausgebildet und motiviert dann auch in diesem Beruf zu bleiben und zu arbeiten (etwa durch mehr Gehalt, bessere soziale Stellung, Aufstiegschancen, Weiterbildungsmöglichkeiten, ...) oder es werden mehr Leute aufgenommen, welche eben keine ausreichende fachliche Qualifikation aufweisen, da sie nicht nur billiger und leichter austauschbar sind, sondern es könnten sich darüber hinaus europäische Wanderbewegungen von Osten in Richtung Westen (zB polnische Pflegerin arbeitet in

Deutschland) weiter verfestigen und somit die qualitativen innerstaatlichen Anforderungen unterminieren und damit das Lohnniveau in der Pflege in Deutschland selbst dauerhaft senken.

In der Zusammenschau ergibt sich daraus: aus Sicht der unternehmerisch tätigen Pflegeinstitute muss sich die Pflege rentieren, sie muss billig iSv kostengünstig sein, was meist aufgrund des extrem hohen Lohnniveaus in Deutschland auf dem Rücken billiger Arbeitskräfte ausgetragen wird. Dem Staat wird wohl nichts anderes übrig bleiben, entweder die Pflegeleistungen im allgemeinen besser zu entlohnen, oder die Pflegefachkräfte selbst zu beschränken (etwa: eine Pflegefachkraft soll über 10 Pflegehilfskräfte die Aufsicht ausüben, leitet diese an und teilt sie ein; das kommt billiger, weil eben mehrere Hilfskräfte tätig sind), oder die Pflegeleistungen werden nur auf das existentiell Notwendige beschränkt (dann gibt es etwa keinen Bastelnachmittag, keine geistige Beschäftigung, keine Ausflugsmöglichkeiten, sondern eben nur mehr im Bett liegen, Waschen, Medikamente verabreichen und warten, bis das Bett für den Nächsten frei wird). Es liegt in den Händen der Politiker, entsprechende gesellschafts- und gesundheitspolitische Verantwortung zu übernehmen und staatspolitisch realistische Ziele in Richtung eines menschenwürdigen Lebens für Alle zu setzen und vor allem durchzusetzen.

Ad 3.2: Fachkräftemangel – Kostenbetrachtung anhand eines Pflegeheims

Fixkosten (FK) fallen unabhängig davon an, wieviel das Unternehmen produziert, während **variable Kosten** (VK) direkt vom Produktionsniveau abhängen; Fixkosten und variable Kosten stellen in Summe die **totalen Gesamtkosten** (TGK) einer Produktion dar (TGK = FK + VK), während die **totalen Durchschnittskosten** (TDK) die Kosten je produzierter Einheit beschreiben indem die TGK durch die produzierten Einheiten dividiert werden, die **variablen Durchschnittskosten** (VDK) bzw. die **fixen Durchschnittskosten** (FDK) werden im Rahmen ihrer Durchschnittswerte betrachtet (TDK = FDK + VDK), indem beispielsweise die Fixkosten durch die Anzahl der produzierten Einheiten dividiert werden (vgl. Schimitzek, 2018, S. 42). **Grenzkosten** (GRK) sind Kosten, welche durch eine zusätzlich produzierte Einheit anfallen, bleiben die GRK unter den VDK fällt auch die TDK, steigen die GRK über die VDK erhöhen sich auch die TDK – das hängt von den weiteren produzierten Einheiten ab welche eine Erhöhung der VK zur Folge haben (vgl. Schimitzek, 2018, S. 43 f.).

Hinsichtlich der Thematik der **Kostenbetrachtung anhand eines Pflegeheims** ergibt sich unter besonderer Berücksichtigung der umfangreichsten Kostenpunkte für die Unterbringung in einem Pflegeheim folgendes:

- die Pflegeleistung und Betreuungsleistung (abgedeckt durch die Leistungen der Pflegeversicherung für die unterschiedlichen Pflegegrade im Pflegeheim) selbst (also Kosten für Leistungen der medizinischen und pflegebedingten Aufwendungen, Betreuung und pauschalierte Ausbildungsumlagen, etc.),
- die Unterkunft und Verpflegung (welche abhängig sind von der Bettenanzahl bzw. Zimmergröße und den Leistungen welche das Pflegeheim anbietet, wie etwa Vollpension, Zimmerreinigung, Gebäudewartung, Müllentsorgung, etc.) sowie
- die Investitionskosten (also die Ausgaben eines Heimbetreibers für die Anschaffungen von längerfristigen Gütern, wie etwa Gebäudemiete, Finanzierungskosten für Gebäudebauten oder Umbauten, Leasingaufwendungen, Abschreibungen, Instandhaltungskosten, Kosten für Gemeinschaftsräume und Pflegebäder, etc.),
- dazu kommen noch Ausbildungskosten für die in der Einrichtung selbst Auszubildende Beschäftigte, sowie Zusatzleistungen wie beispielsweise die Versorgung mit Inkontinenzartikeln (vgl. Flöer, 2023).

FK, also die Kosten für die Betriebsbereitschaft, sind etwa, Standortmieten, Gehaltszahlungen für Pflegepersonal (wie Fachkräfte und Hilfskräfte) und andere Personen im Management und in der Verwaltung, Versicherungszahlungen für Gebäudeversicherung oder ähnliches, und natürlich Abgaben und Steuern; während unter VK, also beschäftigungsabhängige Kosten, etwa Lebensmittel und Diätkost sowie Arzneimittel zu verstehen sind. FK und VK bilden gemeinsam die TGK pro belegter Betteneinheit. Dividiert man die TGK durch die belegte Pflegebettenanzahl erhält man die TDK. Dividiert man die FK durch die belegte Bettenanzahl erhält man die FDK; genauso verhält es sich mit den VK welche durch die belegte Bettenanzahl dividiert werden, und man erhält die VDK. GRK bezeichnen die Kosten, welche entstehen, wenn ein Bett mehr belegt wird.

Daraus ergibt sich (vgl. Forner, 2022, S. 211 f.): bei einer Produktionsmenge von 0 ist der Erlös E ebenfalls 0, trotzdem fallen Fixkosten FK an, der „Gewinn" beträgt demnach −FK, das ist ein Verlust. Steigert sich die Produktionsmenge, verringert sich der Verlust. Der Punkt, bei der Produktionsmenge wo Gewinn und Verlust gleich 0 sind, nennt man Gewinnschwelle, Qg, es wird kostendeckend gearbeitet. Mit jeder weiteren produzierten Mengeneinheit steigt die positive Differenz zwischen Erlös und Gesamtkosten, wobei eine unendliche Gewinnausweitung durch Erreichen der Kapazitätsgrenze bei der Produktionsmenge Qmax verhindert wird.

Ad 3.3: Fachkräftemangel – Gewinnmaximierung des Pflegeanbieters

Bezugnehmend auf die bereits oben dargelegten Erläuterungen in 3.2: Fachkräftemangel – Kostenbetrachtung anhand eines Pflegeheims ist noch ergänzend hinzuzufügen:

Das Gewinnmaximum Q_{max} liegt somit bei jener Menge, bei welcher Grenzerlös und Grenzkosten gleich hoch sind: das Unternehmen wählt also die Gesamtproduktionsmenge, bei welcher die TDK pro Einheit am niedrigsten sind (Gewinn = Erlöse – Kosten), ist die Outputmenge jedoch über der Nachfrage, wählt das Unternehmen jene Menge, wo die Durchschnittskosten pro Einheit (VDK) am niedrigsten sind (vgl. Schimitzek, 2018, S. 45 f.).

Beispiel 0 vs. 1 vs. 5 vs. 8 vs. 9 vs. 10 (belegte) Pflegebetten (fiktive Zahlen):

- Auch wenn keine Pflegebetten belegt sind, entstehen zwar keine VK, doch FK (zB 50), welche zu TGK von 50 führen, somit liegt ein Verlust iHv 50 vor.
- Ist ein Pflegebett belegt, kommen zu den FK die VK hinzu (zB 50 für das erste Pflegebett), somit liegen TGK iHv 100 vor, GRK, FDK und VDK liegen je bei 50, die TDK bei 100.
- Sind fünf Pflegebetten belegt, bleibt es immer noch bei 50 FK, die VK steigen anteilsmäßig auf zB 130, das ergibt TGK iHv 180. GRK liegen bei 18 je Bett, FDK bei 10 je Bett, VDK bei 26 je Bett und TDK bei 36 je Bett.
- Sind acht Pflegebetten belegt, bleibt es immer noch bei 50 FK, die VK steigen anteilsmäßig auf zB 204, das ergibt TGK iHv 254. GRK liegen bei 29 je Bett, FDK bei 6,3 je Bett, VDK bei 25,5 je Bett und TDK bei 31 je Bett.
- Sind neun Pflegebetten belegt, bleibt es immer noch bei 50 FK, die VK steigen anteilsmäßig auf zB 242, das ergibt TGK iHv 292. GRK liegen bei 38 je Bett, FDK bei 5,6 je Bett, VDK bei 26,9 je Bett und TDK bei 32,4 je Bett.
- Sind zehn Pflegebetten belegt, kommen zu den 50 FK die anteilsmäßigen VK von 300, das ergibt TGK iHv 350. GRK liegen bei 58 je Bett, FDK bei 5 je Bett, VDK bei 30 je Bett und TDK bei 35 je Bett.

Betrachtet man also die Schnittpunkte von VDK und GRK (bei acht Pflegebetten) und jene von TDK und GRK (bei neun Pflegebetten), so lässt sich festhalten, dass es bei acht Pflegebetten zur gewinnmaximierenden Gesamtproduktionsmenge kommt.

Ad 4: Integrierte/Besondere Versorgung – Erwartungen und Rückstand

Unter dem Begriff der **Integrierten Versorgung** (IV) versteht man eine – durch enge Kooperation unterschiedlicher Leistungserbringer wie etwa Haus- und Fachärzte, Therapeuten, Krankenhäuser, Disease-Management-Programme und medizinische

Versorgungszentren – patientenorientierte, interdisziplinäre und sektorenübergreifende Versorgung (vgl. Ackermann; Schneider, 2017b, S. 59 f.), wobei sich in Deutschland mittlerweile der Begriff der **Besonderen Versorgung** als einer speziellen Vertragsform nach § 140a SGB V durchgesetzt hat (vgl. Schreyögg et al., 2022, S. 130). Ziel ist, die Senkung von Leistungsausgaben und die Verbesserung der Versorgungsqualität.

Betrachtet man die Erwartungshaltung und die Rückstandsursachen genauer, so lassen sich folgende Schlussfolgerungen ableiten (vgl. Störmann, 2022, S. 169 ff.):

1. Die **Trennung von ambulanter und stationärer Versorgung** bringt Ineffizienzen mit sich, das integrierte Versorgungsmanagement soll der Effizienzsteigerung dienen, wobei die EU-Kommission unter Berücksichtigung der OECD Publikation zu European Observatory on Health Systems and Policies (2017) die Auffassung vertritt, dass die starke Stellung der Selbstverwaltung das Haupthindernis für Reformen zur Effizienzsteigerung ist, welche jedoch durch geeignete integrierte Versorgungskonzepte vermindert werden könnten. Nicht nur die Trennung von ambulanter und stationärer Versorgung, auch die starke Stellung der Krankenkassen und das Auseinanderfallen von Leistungserbringung und –finanzierung führt zu Ineffizienzen, welche die integrierte Versorgung lösen helfen soll. Die **Elemente der integrierten Versorgung in Deutschland** (eben Strukturverträge, hausarztzentrierte Versorgung, Disease-Management-Programme und medizinische Versorgungszentren) sollen die Beziehung zwischen Patienten, Leistungserbringern im Gesundheitswesen und Versicherungen im Hinblick auf deren Effizienzsteigerung verändern (vgl. Störmann, 2022, S. 172).

2. In den 1990er Jahren wurden im Rahmen mehrerer **Reformschritte** kompetitive Elemente in das Gesundheitswesen eingefügt, um den Wettbewerb zwischen den Krankenkassen (über die Beitragssatzhöhen, über unterschiedliche Versorgungskonzepte) mit dem Ziel, mehr Wahlmöglichkeiten für Patienten und größere Handlungsspielräume für Leistungserbringer zu schaffen. Resultat dieser Versorgungsansätze sind solche, welche die Zusammenarbeit zwischen Finanzierern und verschiedenen Leistungserbringern beinhalten, ohne sektorenübergreifende Abstimmung (etwa Strukturverträge (§ 73a SGB V) und hausarztzentrierte Versorgung (§ 73a SGB V)) und solche mit sektorenübergreifender Abstimmung (etwa Modellvorhaben (§§ 63–65 SGB V), Disease-Management-Programme (§ 137f–g SGB V), medizinische Versorgungszentren (§ 95 SGB V) und die integrierte Versorgung (§ 140a–d SGB V)) (vgl. Störmann, 2022, S. 169).

3. **Regelversorgung und integrierte Versorgung** stehen gleichberechtigt nebeneinander. An die Stelle der Kollektivverträge zwischen kassenärztlichen Vereinigungen und Verbänden der Krankenkassen treten Verträge zwischen Leistungserbringern und Kostenträgern. Durch Übernahme der Budgetverantwortung durch Leistungserbringer wird neben der Versorgung auch die Versicherungsfunktion erfüllt. (vgl. Störmann, 2022, S. 169 f.).

4. Auch **medizinische Versorgungszentren** (§ 95 SGB V) zählen zur integrierten Versorgung, welche als unter ärztlicher Leitung stehende Einrichtungen unterschiedlicher Fachrichtungen zu verstehen sind, welche von Leistungserbringern (Ärzte oder Krankenhäuser) mit dem Ziel gegründet werden können, eine fachübergreifende Gesundheitsversorgung anzubieten, idealerweise in Kooperation mit anderen medizinischen Dienstleistern. Dabei bietet das GKV-Modernisierungsgesetz 2004 nun einzelnen Ärzten oder Ärztenetzwerken die Möglichkeit, ohne Einbeziehung der kassenärztlichen Vereinigungen direkt mit einzelnen Krankenkassen Verträge abzuschließen können; ebenso können Krankenkassen mit Managementgesellschaften welche keine direkten Leistungserbringer sind, Verträge abschließen. Auch das GKV-Wettbewerbsstärkungsgesetz 2007 und das Arzneimittelmarkt-neuordnungsgesetz 2011 haben das Ziel, die Möglichkeiten der integrierten Versorgung in Deutschland weiter zu stärken (vgl. Störmann, 2022, S. 170 f.)

5. Die geringe Verbreitung von Integrierter / Besonderer Versorgung liegt unter anderem ...

   a. ... in den Regelungen zur Budgetbereinigung, welche erfolgen muss, damit Krankenkassen einen Anreiz zum Abschluss von Selektivverträgen haben, wodurch den Krankenkassen zwar zunächst zusätzliche Kosten entstehen, jedoch auch Patienten, welche sonst die ambulante Kollektivversorgung in Anspruch genommen hätten, auch an der integrierten Versorgung teilnehmen. Es ist notwendig, den Kollektivvertrag um diese Patientenaufwendungen zu bereinigen, sodass die Krankenkassen Rückzahlungen von der kassenärztlichen Vereinigung erhalten können, idealerweise in Höhe der ersparten (Opportunitäts-)Kosten (vgl. Störmann, 2022, S. 171).

   b. ... im geringen Anreiz der Krankenkassen zum Abschluss von Selektivverträgen, da aufgrund der bisher in Deutschland dominierenden DMP-Verträge (es schreiben sich meist kranke und ältere Patienten auf Empfehlung ihrer Versicherung oder ihres Arztes ein) es tendenziell zu einer Ballung schlechter Risiken bei den integrierten Versorgern kommt;

denn werden die ersparten Kosten historisch angesetzt, weil der Patient zum Stichtag nicht erkrankt war, werden die ersparten Kosten verfälscht. Ein diesbezügliches Lösungskonzept geht dahin, dass Krankenkassen in diesen Fällen Erstattung in Höhe der Durchschnittskosten der betreffenden Krankheit erhalten, wobei es sich jedoch für die Krankenkassen lohnt, sich von den Ärzten Diagnosen auf teure Krankheiten ausstellen zu lassen (vgl. Störmann, 2022, S. 171).

Ad 5: Marktversagen im Gesundheitswesen?

Der **Begriff Marktversagen** beschreibt eine Situation, in der es einem sich selbst überlassenen – und damit nicht regulierten – Markt nicht gelingt, die Ressourcen effizient zuzuteilen (vgl. Schimitzek, 2018, S. 121). Der Keynesianismus beschreibt den unvollkommenen Markt als Marktversagen, welches staatliche Regulierungsmaßnahmen fordert (vgl. Schimitzek, 2018, S. 12).

Im Gesundheitswesen, welches einen unvollkommenen Markt darstellt, kann der Staat ein Marktversagen nicht einfach hinnehmen und sich auf die Regulierungskräfte des Marktes verlassen, weshalb eine Rechtfertigung für Staatseingriffe gegeben scheint (vgl. Schimitzek, 2018, S. 12):

- **Beispiel Impfpflicht**: Die Viruserkrankung mit COVID-19 stellte in den letzten Jahren eine große gesundheitspolitische Herausforderung für alle Länder der Welt dar. Die persönlichen Entscheidungen impfunwilliger Personen, sich nicht mit den im Laufe der Zeit zur Verfügung stehenden Impfstoffen impfen zu lassen, stellte auch für die sie umgebenden Dritten Personen eine große Gefahrenquelle dar, da der hochaggressive Virus in verschiedenen mutierten Varianten unerwünschte Auswirkungen auf Dritte Personen, und damit andere Wirtschaftssubjekte, hatte. Dabei handelt es sich um negative externe Effekte. In Folge wurde in der Bundesrepublik Deutschland eine Teil-Impfpflicht für Personen beschlossen, die in medizinischen oder pflegerischen Einrichtungen tätig sind, welche allerdings per 01.01.2023 außer Kraft ist (vgl. Deutscher Bundestag, 2021; Tagesschau, 2022).
- **Beispiel Medikamente**: Überlässt man als Staat hinsichtlich eines patentrechtlich geschützten Medikamentes einem monopolistischen, weil alleinigem Anbieter, die Marktmacht, wird sich dies auf die Preispolitik des Unternehmens auswirken. Ein besonders krasses Beispiel bieten hier die USA: So wurden etwa die Verkaufspreise der Pharmaindustrie für Insulin in den USA bis Ende 2022 nicht gedeckt, und Insulinbedürftige Patienten mussten mehr als 1.000 US-Dollar pro Monat für dieses lebensnotwendige Antidiabetikum

ausgeben, was der Pharmaindustrie Milliardenumsätze beschert; seit 2023 wurde durch den IRA der öffentlichen Krankenversicherung die Befugnis eingeräumt, mit Pharmaunternehmen Preise für eine bestimmte Anzahl teurer Medikamente auszuhandeln, weshalb der Preis für Insulin ab 2023 auf 35 US-Dollar pro Monat gedeckelt wurde (vgl. Süddeutsche Zeitung, 2022).

Literaturverzeichnis

Ackermann, D.; Schneider, B. (2017a): *Gesundheit und Ökonomie*, GEWIH01, Studienheft der APOLLON Hochschule der Gesundheitswirtschaft, Bremen.

Ackermann, D.; Schneider, B. (2017b): *Gesundheitssysteme*, GEWIH02, Studienheft der APOLLON Hochschule der Gesundheitswirtschaft, Bremen.

Buchner, F.; Wasern, J. (2022). *Finanzmanagement in Krankenversicherungen.* In: Busse, R.; Schreyögg, J.; Stargardt, T. (Hrsg.): Management im Gesundheitswesen, Das Lehrbuch für Studium und Praxis. 5. Aufl. Springer, Berlin, Heidelberg. S. 347–366.

Deutscher Bundestag (2021). *Impfpflicht für Gesundheits- und Pflegepersonal ab 15. März beschlossen.* 10.12.2021. https://www.bundestag.de/dokumente/textarchiv/2021/kw49-de-infektionsschutzgesetz-impfpraevention-870424 (08.03.2023).

Dribbusch, B. (2022a). *Mehr Geld für Pflegekräfte: Jetzt kommt die Nebenwirkung.* https://taz.de/Mehr-Geld-fuer-Pflegekraefte/!5875192/ (02.03.2023).

Dribbusch, B. (2022b). *Tarifverträge für Pflegekräfte: Unerwünschte Folgen besserer Löhne.* https://taz.de/Tarifvertraege-fuer-Pflegekraefte/!5875201/ (02.03.2023).

Hanke-Ebersoll, M. (2022). *Fachkräftemangel in der Pflege?* Beschreibungsansätze aus der Perspektive der Alternativen Wirtschaftstheorie (AWT). In: Grinblat, R., Etterer, D., Plugmann, P. (Hrsg.): Innovationen im Gesundheitswesen. Springer Gabler, Wiesbaden. S. 213–234.

Flöer, C. (2023). Pflegeheim-Kosten – Was kostet ein Platz im Pflegeheim? https://www.pflege.de/altenpflege/pflegeheim-altenheim/kosten/ (03.03.2023).

Forner, A. (2022). *Volkswirtschaftslehre,* Eine praxisorientierte Einführung. 2., vollständig überarbeitete und erweiterte Auflage. Springer, Gabler, Wiesbaden.

OECD/European Observatory on Health Systems and Policies. (2017). *Deutschland: Länderprofil Gesundheit 2017.* 23.11.2017. https://doi.org/10.1787/9789264285200-de (09.03.2023).

Schimitzek, I. (2018): *Grundlagen der Allgemeinen Volkswirtschaftslehre,* AVWLH01, Studienheft der APOLLON Hochschule der Gesundheitswirtschaft, Bremen.

Schreyögg, J.; Milstein, R.; Busse, R. (2022). *Leistungsmanagement in der Integrierten Versorgung.* In: Busse, R.; Schreyögg, J.; Stargardt, T. (Hrsg.): Management im Gesundheitswesen, Das Lehrbuch für Studium und Praxis. 5. Aufl. Springer, Berlin, Heidelberg. S. 131–155.

Störmann, W. (2022). *Gesundheits- und Umweltökonomik klipp & klar*. 2. Aufl. Springer, Gabler, Wiesbaden.

Süddeutsche Zeitung (2022). *Insulintherapie pro Monat: 1300 Dollar*. 08.06.2022. https://www.sueddeutsche.de/gesundheit/insulin-diabetes-usa-kosten-1.5598869?reduced=true (08.03.2023).

Tagesschau (2022). *Was die Teil-Impfpflicht gebracht hat*. 27.12.2022. https://www.tagesschau.de/inland/innenpolitik/einrichtungsbezogene-impfpflicht-103.html (08.03.2023).

Tiemann, O.; Büchner, V. (2022). *Finanzmanagement in Krankenhäusern*. In: Busse, R.; Schreyögg, J.; Stargardt, T. (Hrsg.): Management im Gesundheitswesen, Das Lehrbuch für Studium und Praxis. 5. Aufl. Springer, Berlin, Heidelberg. S. 367–397.

Wanek, V.; Schreiner-Kürten, K. (2021). Bedeutung und Rolle der Krankenkassen in der Prävention und Gesundheitsförderung. In: Tiemann, M.; Mohokum, M. (Hrsg.): Prävention und Gesundheitsförderung. Springer Reference Pflege – Therapie – Gesundheit. Springer, Berlin, Heidelberg. S. 139–158.